We Global Family
Basic Korean for Village Life

소리글 따라 말하기
(Repeat TTS Voice)

땅한글 도서출판 영상복음

다문화가족
농어촌 생활 한국어

2024년 7월 25일 발행

저 자 : 최득원, 김완모 공저

발행처 : 도서출판 영상복음
등 록 : 제 851-32-00356호
주 소 : 서울시 중구 을지로 18길 12 (을지로 3가)
전 화 : 02-730-7673 / 02-730-7675
        010-3949-0209
이메일 : tyhg@thankyouhangul.com
누리집 : www.thankyouhangul.com

정 가 : 도서출판 12,000 원
ISBN 978-89-94945-86-6 (03370)
국민은행 675201-00-008652 (예금주 오영희)

정 가 : 전자책 한글본 $7 US
ISBN 978-89-94945-87-3 (05370)
국민은행 675201-00-008652 (예금주 오영희)

정 가 : 전자책 영문본 $7 US
ISBN 978-89-94945-88-0 (05370)
국민은행 675201-00-008652 (예금주 오영희)

King Sejong (Korean: 세종대왕, 1397~1450)

4th ruler of the Joseon dynasty of Korea and the inventor of Hangul, the native Korean alphabet

Contents (목차)

Part One
The Very Beginning of Korean Language

1부 - 한글 공부 맨 처음

1. Korean Alphabet - Hangul[Hangeul]

Modern Korean alphabet has 14 Basic Consonants and 10 Basic Vowels (Figure 1). Along with these, 5 Tense Consonants, 11 Compound Consonants & 11 Diphthongs are used. 51 letters in total (Table A1, A2 & A3).

(a) **14 Basic Consonants & 5 Tense Consonants**

Figure 1. Modern Korean Alphabet

현대 한국어에는 기본 자음 14개, 기본 모음 10개가 있습니다 (그림 1). 이와 함께 쌍자음 5개, 복합자음 11개, 이중모음 11개 가 사용됩니다. 총 51자(부록 표 A1, A2 및 A3).

(그림1. 계속)

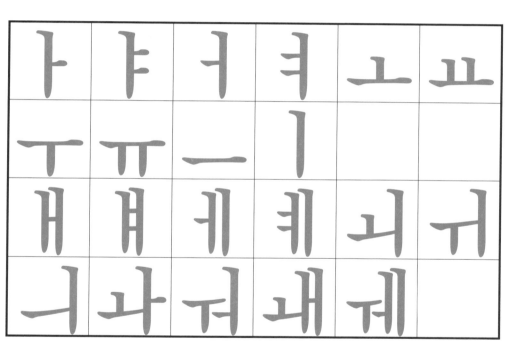

(b) **10 Basic Vowels & 11 Diphthongs**

2. Korean Syllable Table
(Combined with 14 Basic Consonants & 10 Basic Vowels)

M \ I	ㄱ g	ㄴ n	ㄷ d	ㄹ r	ㅁ m	ㅂ b	ㅅ s
ㅏ a	가 ga	나 na	다 da	라 ra	마 ma	바 ba	사 sa
ㅑ ya	갸 gya	냐 nya	댜 dya	랴 rya	먀 mya	뱌 bya	샤 sya
ㅓ eo	거 geo	너 neo	더 deo	러 reo	머 meo	버 beo	서 seo
ㅕ yeo	겨 gyeo	녀 nyeo	뎌 dyeo	려 ryeo	며 myeo	벼 byeo	셔 syeo
ㅗ o	고 go	노 no	도 do	로 ro	모 mo	보 bo	소 so
ㅛ yo	교 gyo	뇨 nyo	됴 dyo	료 ryo	묘 myo	뵤 byo	쇼 syo
ㅜ u	구 gu	누 nu	두 du	루 ru	무 mu	부 bu	수 su
ㅠ yu	규 gyu	뉴 nyu	듀 dyu	류 ryu	뮤 myu	뷰 byu	슈 syu
ㅡ eu	그 geu	느 neu	드 deu	르 reu	므 meu	브 beu	스 seu
ㅣ i	기 gi	니 ni	디 di	리 ri	미 mi	비 bi	시 si

* Mute ; Placeholder

가나다라~ 계속 반복! 가갸거겨~ 계속 반복!
아래 표를 외울때까지 계속 반복합니다

"Repeat this syllabary after TTS voice"

ㅇ*	ㅈ	ㅊ	ㅋ	ㅌ	ㅍ	ㅎ
-	j	ch	k	t	p	h
아	자	차	카	타	파	하
a	ja	cha	ka	ta	pa	ha
야	쟈	챠	캬	탸	퍄	햐
ya	jya	chya	kya	tya	pya	hya
어	저	처	커	터	퍼	허
eo	jeo	cheo	keo	teo	peo	heo
여	져	쳐	켜	텨	펴	혀
yeo	jyeo	chyeo	kyeo	tyeo	pyeo	hyeo
오	조	초	코	토	포	호
o	jo	cho	ko	to	po	ho
요	죠	쵸	쿄	툐	표	효
yo	jyo	chyo	kyo	tyo	pyo	hyo
우	주	추	쿠	투	푸	후
u	ju	chu	ku	tu	pu	hu
유	쥬	츄	큐	튜	퓨	휴
yu	jyu	chyu	kyu	tyu	pyu	hyu
으	즈	츠	크	트	프	흐
eu	jeu	cheu	keu	teu	peu	heu
이	지	치	키	티	피	히
i	ji	chi	ki	ti	pi	hi

3. Hangul Writing
(1) 14 Korean Basic Consonants (The Initial)
14개 기본 자음

ㄱ①	기역 / gi-yeok	가	가자 /gaja/ Let's Go
ㄴ①	니은 / ni-eun	나	나가는 길 /naganeungil/ Way Out
ㄷ①②	디귿 / digeut	다	다리 /dari/ Bridge
ㄹ①②③	리을 / ri-eul	라	라디오 /radio/ Radio
ㅁ①②③	미음 / mi-eum	마	마을 /ma-eul/ Village

	비읍	바	바람 /baram/ Wind
	bi-eup		
	시옷	사	사랑 /sarang/ Love
	s(h)i-ot		
	이응	아	아침 /achim/ Morning
	i-eung		
	지읒	자	자유(自由) /jayu/ Freedom
	ji-eut		
	치읓	차	차(茶) /cha/ Tea
	chi-eut		

	키윽		카풀
	ki-euk	카	/kapul/ Car Pool
	티읕		타악기(打樂器) /ta-ag-gi/
	ti-eut	타	Percussion Instrument
	피읖		파리
	pi-eup	파	/pari/ Paris
	히읗		하늘
	hi-eut	하	/haneul/ Sky, Heaven

(2) 5 Tense Consonants (The Initial)
5개 쌍자음

① → ② ↓ ㄲ	쌍기역 ssang-giyeok	까	까지 /kkaji/ (ad.) till, as far as, up to
① → ③ → ② ↓ ㄸ → ④	쌍디귿 ssang-digeut	따	따라 부르다 /ttarabureuda/ Sing Along
③ ⑤ ⑥ ① ② ⑦ ㅃ ↓ ↓ ④ → ⑧	쌍비읍 ssang-bi-eup	빠	빠르다 /ppareuda/ (To Be) Fast
① ③ ㅆ ② ④	쌍시옷 ssang-s(h)i-ot	싸	싸개 /ssagae/ Wrapping Paper[Material]
① ③ ㅉ ② ④	쌍지읒 ssang-ji-eut	짜	짜장면 /jjajangmyeon/ Jajangmyeon

(3) Writing 10 Korean Basis Vowels (The Medial)
10개 기본 모음

ㅏ ① → ②	a	*아	아프리카 /aprika/ Africa
ㅑ ① → ② → ③	ya	*야	야자수 /yajasu/ Palm Tree
ㅓ ① → ②	eo	*어	어리다 /eorida/ (Be) Young
ㅕ ① → ② → ③	yeo	*여	여행 /yeohaeng/ Travel
ㅗ ① ② →	o	*오	오이 /o-i/ Cucumber

* Mute ; Placeholder

① ② ㅛ →	yo	* 요	요리 /yori/ Cooking
①→ ㅜ ↓②	u	* 우	우산 /usan/ Umbrella
①→ ㅠ ② ③	yu	* 유	유월 /yuwol/ June
①→ ㅡ	eu	* 으	으로 /eu-ro/ By ; Of ; With
ㅣ① ↓	i	* 이	이(빨) /i(ppal)/ Tooth

* **Mute ; Placeholder**

(4) Writing 11 Korean Diphthongs (The Medial)
11개 이중 모음

ㅐ ①②③	**ae**	*애	애국가 /aegukga/ **National Anthem**
ㅒ ①②③④	**yae**	*얘	얘 /yae/ **This Child**
ㅔ ①②③	**e**	*에	에서 /eseo/ **At ; On ; In ; From**
ㅖ ①②③④	**ye**	*예	예의 /ye-ui/ **Courtesy ; Etiquette**
ㅚ ①②③	**oe**	*외	외국 /oeguk/ **Foreign Country**
ㅟ ①②③	**wi**	*위	위 /wi/ **Upside ; The Above**

* Mute ; Placeholder

(stroke diagram ① → ②)	**ui**	* 의	의사 /uisa/ (Medical) Doctor
(stroke diagram ① ② ③ ④)	**wa**	* 와	와플 /wapeul/ Waffle
(stroke diagram ① ② ③ ④)	**wo**	* 워	워드 /wodeu/ Word (Processor)
(stroke diagram ① ② ③ ④ ⑤)	**wae**	* 왜	왜 /wae/ Why
(stroke diagram ① ② ③ ④ ⑤)	**we**	* 웨	(코리안) 웨이브 /we-ibeu/ (Kor.) Wave ; Hallyu

* Mute ; Placeholder

4. Writing Practice - Syllables & Words
(1)Typing in Korean on the Phone & Computer Keyboards

Figures 2 & 3 show Typical Keyboards of Mobile Phone and Computer.

Figure 2. Typical Korean Phone Keyboard
전형적인 스마트폰 자판

Figure 3. Normal Computer Keyboard in Korea
(KS X 5002 Keyborad)
컴퓨터 자판

(2) Stroke Order in Hangul Writing
한글 획순

1.   **Left to Right**

2.   **Top to Bottom**

3.   **Counter-clockwise**

(3) Combining Consonant & Vowel To Form Syllable & Word

/han-gug-eo/
Korean Language

ㅎ + ㅏ + ㄴ = 한

ㄱ + ㅜ + ㄱ = 국

ㅇ + ㅓ + ☐ = 어

소리글

/sorigeul/

Phonetic Alphabet

ㅅ + ㅗ + ☐ = 소

ㄹ + ㅣ + ☐ = 리

ㄱ + ㅡ + ㄹ = 글

첫걸음

/cheotgeol-eum/
First Step

ㅊ + ㅓ + ㅅ = 첫

ㄱ + ㅓ + ㄹ = 걸

ㅇ + ㅡ + ㅁ = 음

말하기

/malhagi/

To Talk ; To Speak

ㅁ + ㅏ + ㄹ = 말

ㅎ + ㅏ + ☐ = 하

ㄱ + ㅣ + ☐ = 기

따라 말하기
/ttara malhagi/
To Repeat (TTS Voice)

땡큐 한글

/ttaengkyu hangeul/
Thank You Hangul[Korean Alphabet]

ㄸ + ㅐ + ㅇ = 땡

ㅋ + ㅠ + ☐ = 큐

ㅎ + ㅏ + ㄴ = 한

ㄱ + ㅡ + ㄹ = 글

엄마 아빠

/eomma appa/
Mammy & Dad

ㅇ + ㅓ + ㅁ = 엄

ㅁ + ㅏ + ☐ = 마

ㅇ + ㅏ + ☐ = 아

ㅃ + ㅏ + ☐ = 빠

서울 나들이

/seo-ul nadeu-ri/
Outing to Seoul

ㅅ + ㅓ + ☐ = 서

ㅇ + ㅜ + ㄹ = 울

ㄴ + ㅏ + ☐ = 나

ㄷ + ㅡ + ㄹ = 들

ㅇ + ㅣ + ☐ = 이

안녕하세요

/annyeong haseyo/
Hello! ; Good Morning! ; Good Afternoon!
Good Evening! ; Good Day!

ㅇ + ㅏ + ㄴ = 안

ㄴ + ㅕ + ㅇ = 녕

ㅎ + ㅏ + ☐ = 하

ㅅ + ㅔ + ☐ = 세

ㅇ + ㅛ + ☐ = 요

사랑합니다

/sarang hamnida/
I Love You

ㅅ + ㅏ + ⬜ = 사

ㄹ + ㅏ + ㅇ = 랑

ㅎ + ㅏ + ㅂ = 합

ㄴ + ㅣ + ⬜ = 니

ㄷ + ㅏ + ⬜ = 다

아주 많이요

/aju man-i-yo/
So Much ; A Lot

ㅇ + ㅏ + ☐ = 아

ㅈ + ㅜ + ☐ = 주

ㅁ + ㅏ + ㄶ = 많

ㅇ + ㅣ + ☐ = 이

ㅇ + ㅛ + ☐ = 요

감사합니다

/gamsahapnida/
Thank You (Very Much)

ㄱ + ㅏ + ㅁ = 감

ㅅ + ㅏ + ☐ = 사

ㅎ + ㅏ + ㅂ = 합

ㄴ + ㅣ + ☐ = 니

ㄷ + ㅏ + ☐ = 다

고맙습니다

/gomabseubnida/
Thank You (Very Much)

ㄱ + ㅗ + ☐ = 고

ㅁ + ㅏ + ㅂ = 맙

ㅅ + ㅡ + ㅂ = 습

ㄴ + ㅣ + ☐ = 니

ㄷ + ㅏ + ☐ = 다

세계

/segye/
The World

ㅅ + ㅖ + ☐ = 세

ㄱ + ㅖ + ☐ = 계

만나다

/mannada/
To Meet

ㅁ + ㅏ + ㄴ = **만**

ㄴ + ㅏ + ☐ = **나**

ㄷ + ㅏ + ☐ = **다**

당신을 만나서 기뻐요
/dangsin-eul mannaseo gippeoyo/
Glad to meet you

행복

/haengbog/
Happiness

ㅎ + ㅐ + ㅇ = 행

ㅂ + ㅗ + ㄱ = 복

행복한 하루 되세요 !
/haengboghan haru doeseyo/
Have a nice day !

마음

/ma-eum/
Mind ; Heart ; Feeling

ㅁ + ㅏ + ☐ = **마**

ㅇ + ㅡ + ㅁ = **음**

함께

/hamkke/
Together

ㅎ + ㅏ + ㅁ = 함

ㄲ + ㅔ + ☐ = 께

함께라면 두렵지 않다
/hamkkeramyeon duryeobji anta/
I'm not afraid if we're together

나비

/nabi/
Cat ; Butterfly

ㄴ + ㅏ + ☐ = 나

ㅂ + ㅣ + ☐ = 비

나비야!
/nabiya/
Pet name for cat, used when calling with affection

알바

/alba/
Arbeit (G.) ; Side Job ; Part-time Job

ㅇ + ㅏ + ㄹ = 알

ㅂ + ㅏ + ☐ = 바

/uyu/
Milk

ㅇ + ㅜ + [ ] = 우

ㅇ + ㅠ + [ ] = 유

옷

/ot/
Clothes ; Garment

ㅇ + ㅗ + ㅅ = 옷

꿈

/kkum/
Dream

ㄲ + ㅜ + ㅁ = 꿈

그래요, 난, 난 꿈이 있어요 - 거위의 꿈
Yes, I, I have a dream - Goose' Dream

5. Getting Familiar with Korean Words

신체 부위의 명칭 (Names of Body Parts)

(1) 이목구비 (귀·눈·입·코)

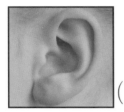
귀
Ears
이어즈
(   )

눈
Eyes
아이즈
(   )

입
Mouth
마웉
(   )

코
Nose
노우즈
(   )

(2) 사지 (The Limbs)

손
Hands
핸즈
(   )

발
Feet
휱
(   )

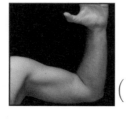
팔
Arms
암즈
(   )

다 리
Legs
렉스
(   )

곡류 · 주식
Cereals - Staple Foods

콩
Soybean

소이빈

( )

팥
Red Bean

렛 빈

( )

검은콩
Black Bean

블랙 소이빈

( )

옥수수
Corn

콘

( )

호랑이콩
Borlotti Beans

볼로티 빈

( )

완두콩
Pea

피

( )

쌀
Rice

라이스

( )

보리
Barley

발리

( )

곡류 · 주식
Cereals - Staple Foods

찹 쌀
Sticky Rice
스티끼 롸이스
(　　　　　　)

수 수
Sorghum
소검
(　　　　　　)

밀 가 루
Wheat Flour
휫 플라워
(　　　　　　)

쌀 가 루
Rice Flour
롸이스 플라워
(　　　　　　)

콩 가 루
Soybean Flour
소이빈 플라워
(　　　　　　)

부침가루
Pancake Powder
팬케잌 파우더
(　　　　　　)

밥
Cooked Rice
쿡트 롸이스
(　　　　　　)

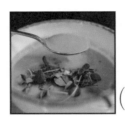
국
Soup
숲
(　　　　　　)

주식 · 간식
Staple Foods - Snacks

비빔밥
Bibimbap
비빔밥
( )

김 치
Kimchi
김치
( )

라 면
Ramyun
라면
( )

국 수
Noodles
누들즈
( )

짜장면
Jjajangmyeon
짜장면
( )

냉 면
Cold Noodles
코울드 누들즈
( )

김 밥
Kimbap
김밥
( )

떡볶이
Tteokbokki
떡볶이
( )

농기구
Farming Tools

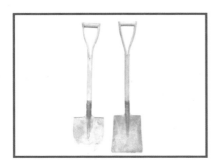

삽
Shovel
셔블

(   )

갈퀴
Grass Rake
그래스 레일

(   )

낫
Sickle
시클

(   )

호미
Hoe
호우

(   )

농 기 계
Agricultural Machinery

경운기
Tiller
틸러

( )

이앙기
Transplanter
트랜스플랜터

( )

트렉터
Tracker
트렉터

( )

콤바인
Combine Harvester
콤바인 하붸스터

( )

채소 · 과일
Vegetables & Fruits

가 지
Eggplant
엑플랜트

( )

오 이
Cucumber
큐컴버

( )

감 자
Potato
퍼테이토우

( )

고구마
Sweet Potato
스윗 퍼테이토우

( )

마 늘
Garlic
갈릭

( )

고 추
Chili Pepper
칠리 페뻐

( )

양 파
Onion
어니언

( )

대 파
Green Onion
그륀 어니언

( )

채소·과일
Vegetables & Fruits

쪽 파
Tree Onion
트리 어니언
(   )

생 강
Ginger
진저
(   )

호 박
Pumpkin
펌킨
(   )

애호박
Aehobak
애호박
(   )

단호박
Sweet Pumpkin
스윗 펌킨
(   )

당 근
Carrot
캐럿
(   )

무
Korean Radish
코리언 래디쉬
(   )

배 추
Baechu
배추
(   )

채소·과일
Vegetables & Fruits

딸 기
Strawberry

스뜨로뵈리

( )

앵 두
Cherry

체리

( )

블루베리
Blueberry

블루뵈리

( )

레 몬
Lemon

레먼

( )

파인애플
Pineapple

파인애쁠

( )

감 귤
Tangerine

탠저린

( )

사 과
Apple

애쁠

( )

배
Pear

페어

( )

채소 · 과일
Vegetables & Fruits

매 실
Korean Apricot
코리안 애프러컽
( )

대 추
Jujube
쥬줍
( )

감
Persimmon
퍼시먼
( )

복숭아
Peach
피치
( )

살 구
Apricot
애프러컽
( )

바나나
Banana
버내너
( )

망 고
Mango
맹고우
( )

방울토마토
Cherry Tomato
체리 터메이토우
( )

채소 · 과일
Vegetables & Fruits

무화과
Fig
휙

(   )

오 디
Mulberry
멀뵈리

(   )

자 몽
Grapefruit
그레잎후를

(   )

메 론
Melon
멜런

(   )

수 박
Watermelon
와러멜런

(   )

청포도
Green Grape
그린 그레잎

(   )

아보카도
Avocado
애뷔카도우

(   )

포 도
Grape
그레잎

(   )

채소 · 과일
Vegetables & Fruits

 **복분자**
Bokbunja
복분자
(   )

 **키 위**
Kiwi
키위
(   )

 **참 외**
Korean Melon
코리언 멜런
(   )

 **모 과**
Chinese Quince
차이니즈 퀸스
(   )

 **오렌지**
Orange
아뢴지
(   )

 **코코넛**
Coconut
코코넡
(   )

 **앵 두**
Cherry
체리
(   )

 **자 두**
Plum
플럼
(   )

자연식품
Nature Food

아카시아꿀
Acasia Honey
어케이셔 허니

( )

밤 꿀
Chestnut Honey
체스넡 허니

( )

야생화꿀
Wildflower Honey
와일드훌라워 허니

( )

장류 · 젓갈류

Sauces - Salted Seafood

간 장
Soy Sauce
소이 소스
(   )

된 장
Soybean Paste
소이빈 페이스트
(   )

고추장
Red Chili Paste
렌 칠리 페이스트
(   )

멸치젓
Salted Anchovies
쏠틴 앤처뷔
(   )

굴 젓
Salted Oysters
쏠틴 오이스떠
(   )

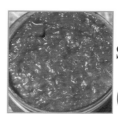
갈치젓
Salted Hairtail
쏠틴 헤어테일
(   )

명란젓
Salted Pollack Roe
쏠틴 팔럭 로우
(   )

새우젓
Salted Shrimp
쏠틴 쉬림프
(   )

육 류

Meat

닭고기
Chicken
치킨 밀

(   )

돼지고기
Pork
포크

(   )

말고기
Horse Meat
호스 밀

(   )

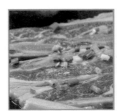

소갈비
Beef Rib
비프 립

(   )

쇠고기
Beef
비프

(   )

양고기
Sheep Meat
쉽 밀

(   )

오리고기
Duck Meat
덕 밀

(   )

치 킨
Fried Chicken
프라이드 치킨

(   )

어 류

Pisces

조 기
Yellow Croaker
옐로우 크오우꺼

(   )

갈 치
Beltfish
벨트휘시

(   )

고등어
Chub Mackerel
첩 매꺼럴

(   )

가자미
Sanddab
샌댑

(   )

삭힌 홍어
Fermented Skate
훠멘티드 스께이트

(   )

오징어
Squid
스뀓

(   )

명 태
Alaska Pollack
얼래스꺼 팔럭

(   )

메 기
Amur Catfish
아무어 캣휘시

(   )

어 류

Pisces

 금붕어
Goldfish
고울드휘시
( )

 새 우
Shrimp
쉬림프
( )

 연 어
Salmon
새먼
( )

 상 어
Shark
샤크
( )

 해 마
Seahorse
씨호스
( )

 문 어
Octopus
악터퍼스
( )

 게
Crab
크랩
( )

 참 치
Tuna
튜너
( )

주방용품

Kitchen Utensils

주 걱
Rice Spatula
라이스 스빼츌러
( )

젓가락
Chopsticks
찹스틱
( )

숟가락
Spoon
스뿐
( )

주전자
Kettle
캐를
( )

냄 비
Pot
팥
( )

프라이팬
Frying Pan
후라잉 팬
( )

도 마
Cutting board
커팅 보드
( )

포 크
Fork
휙
( )

주방용품
Kitchen Utensils

주방세제
Dishwashing Liquid
디쉬와슁 리뀐
(   )

가 위
Scissors
시져즈
(   )

집 게
KitchenTongs
키친 텅즈
(   )

국 자
Ladle
레이들
(   )

뒤집개
Spatula
스빼츌러
(   )

대 접
Bowl
보울
(   )

접 시
Dish
디쉬
(   )

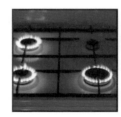
가스레인지
Gas Stove
개스토웁
(   )

주거공간 · 용품
Residential Space & Goods

방
Room
룸
(   )

거 실
Living room
리빙룸
(   )

침 대
Bed
벧
(   )

옷 장
Wardrobe
워드로웁
(   )

욕 실
Bathroom
밷룸
(   )

화장실
Restroom
뤠스트룸
(   )

세 면 대
Washbasin
와시베이슨
(   )

쓰레기통
Garbage Can
가비지 캔
(   )

가전제품
Home Appliances

김치냉장고
Kimchi Fridge

김치 후리즈

(   )

냉장고
Refrigerator

리프리저레이터

(   )

세탁기
Washing Machine

와싱 머쉰

(   )

밥 솥
Rice Cooker

롸이스 쿠커

(   )

가전제품

Home Appliances

스타일러
Styler

스타일러

( )

인덕션 레인지
Induction Cooktop

인덕션 쿡탑

( )

오 븐
Oven

오븐

( )

공기청정기
Air Purifier

에어 퓨러파이어

( )

가전제품
Home Appliances

에어컨
Air Conditioner
에어 컨디셔너

(   )

텔레비전
Television
텔러비즌

(   )

선풍기
Electric Fan
일렉트릭 홴

(   )

안마의자
Massage Chair
매사즈 체어

(   )

가전제품

Home Appliances

컴퓨터
Computer

컴퓨러

(   )

진공청소기
Vacuum (Cleaner)

배큐움 (클리너)

(   )

식기세척기
Dishwasher

디쉬와셔

(   )

블랜더
Blender

블랜더

(   )

생활용품
Household Goods

테이프
Adhesive Tape
얻히십 테잎
(   )

붓
Brush
브러쉬
(   )

두루마리 휴지
Toilet Paper
토일릿 페이퍼
(   )

손톱깎이
Nail Clipper
네일 클리뻐
(   )

빗자루
Broom
브룸
(   )

우 산
Umbrella
엄브렐러
(   )

모 자
Hat
햍
(   )

티셔츠
T-shirt
티셔츠
(   )

생활용품
Household Goods

신 발
Shoes
슈즈

(   )

수 건
Towel
타월

(   )

비 누
Soap
소웊

(   )

칫 솔
Toothbrush
툰브러쉬

(   )

치 약
Toothpaste
툰페이스트

(   )

커터칼
Utility Knife
유틸러티 나입

(   )

바 지
Pants
팬츠

(   )

쓰레받기
Dustpan
더스트팬

(   )

공놀이용 공

Balls for Play

축구공
Football
풋볼
(   )

배구공
Volleyball
봘리볼
(   )

야구공
Baseball
베이스볼
(   )

농구공
Basketball
배스킷볼
(   )

셔틀콕
Shuttlecock
셔를칵
(   )

골프공
Golf ball
골프 볼
(   )

테니스공
Tennis ball
테이스 볼
(   )

볼링공
Bowling ball
보울링 볼
(   )

스낵 & 음료
Snacks& Beverage

우 유
Milk
밀크
( )

빵
Bread
브렌
( )

커 피
Coffee
커휘
( )

레모네이드
Lemonade
레머네잍
( )

식 혜
Sikhye
식혜
( )

맥 주
Beer
비어
( )

콜 라
Coke
코욱
( )

사 이 다
Sprite
스프라잇
( )

악   기
Musical Instrument

피아노
Piano
피애노우
(   )

바이올린
Violin
봐이얼린
(   )

플루트
Flute
플룻
(   )

기 타
Guitar
기타
(   )

드 럼
Drum
드럼
(   )

첼 로
Cello
첼로우
(   )

심벌즈
Cymbals
심벌즈
(   )

하 프
Harp
핲
(   )

교통수단

Mode of Transport

자동차
Car
카

( )

버 스
Bus
버스

( )

지하철
Subway
섭웨이

( )

비행기
Airplane
에어플레인

( )

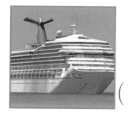

배
Ship
쉽

( )

헬리콥터
Helicopter
헬리캅터

( )

트 럭
Truck
트럭

( )

자전거
Bicycle
바이시끌

( )

자 연
Nature

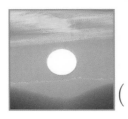

해
Sun
썬

( )

달
Moon
문

( )

구 름
Cloud
클라욷

( )

비
Rain
뤠인

( )

눈
Snow
스노우

( )

번 개
Lightning
라읻닝

( )

무지개
Rainbow
뤠인보우

( )

꽃
Flower
플라워

( )

자 연
Nature

나 무
Tree
츄리

( )

산
Mountain
마운튼

( )

섬
Island
아일런드

( )

바 다
Sea
씨

( )

봄
Spring
스프링

( )

여 름
Summer
써머

( )

가 을
Fall
훨

( )

겨 울
Winter
윈터

( )

꽃

Flower

해바라기
Sunflower

선플라워

(　　　　　)

진달래
Korean Rosebay

코리언 로즈베이

(　　　　　)

벚꽃
Cherry Blossoms

체리블라썸

(　　　　　)

코스모스
Garden Cosmos

가든 카즈모스

(　　　　　)

개나리
Gaenari

개나리

(　　　　　)

장미
Rose

로우즈

(　　　　　)

할미꽃
Pasque Flower

패스크 플라워

(　　　　　)

백일홍
Zinnia Elegans

지니어 엘리건스

(　　　　　)

꽃
Flower

산수유
Cornus Officinalis

코너스 오피시네일리스

( )

목 련
Magnolia

맥노올리어

( )

철 쭉
Royal Azalea

로열 어제일리어

( )

라일락
Lilac

라일럭

( )

사과꽃
Apple Blossom

애쁠 블라썸

( )

수선화
Daffodil

대훠딜

( )

찔레꽃
Rosa Multiflora

로우저 멀티훌로러

( )

무궁화
Rose of Sharon

로우즈 업 셰런

( )

동 물
Animal

개
Dog
덕

( )

고양이
Cat
캣

( )

팬 더
Panda
팬더

( )

다람쥐
Siberian Chipmunk
사이비리언 칩멍크

( )

토 끼
Rabbit
래빗

( )

쥐
Mouse
마우스

( )

원숭이
Monkey
멍끼

( )

오 리
Duck
덕

( )

동 물
Animal

말
Horse
호스

( )

염 소
Goat
고웃

( )

소
Cattle
캐를

( )

돼 지
Pig
픽

( )

여 우
Fox
확스

( )

늑 대
Wolf
울프

( )

펭 귄
Penguin
펭귄

( )

코뿔소
Rhino
라이노우

( )

동 물
Animal

코끼리
Elephant
엘러훤트
(　　　　)

호랑이
Tiger
타이거
(　　　　)

사 자
Lion
라이언
(　　　　)

기 린
Giraffe
저랩
(　　　　)

병아리
Chick
췩
(　　　　)

얼룩말
Zebra
지브러
(　　　　)

하 마
Hippo
히뽀우
(　　　　)

가 젤
Gazelle
거젤
(　　　　)

동 물

Animal

치 타
Cheetah
취터

( )

표 범
Leopard
레퍼드

( )

곰
Bear
베어

( )

사 슴
Deer
디어

( )

물 소
Buffalo
버훨로우

( )

캥거루
Kangaroo
캥거루

( )

코알라
Koala
코우알러

( )

너구리
Raccoon
래쿤

( )

동 물
Animal

악 어
Crocodile
크롸꺼다일

( )

바다사자
Sea Lion
시 라이언

( )

돌고래
Dolphin
달휜

( )

고 래
Whale
웨일

( )

앵무새
Parrot
패럿

( )

독수리
Eagle
이글

( )

올빼미
Owl
아울

( )

타 조
Ostrich
아스트뤼치

( )

곤　충
Insect

나 비
Butterfly
버터훌라이

(　　　)

꿀 벌
Honeybee
허니비

(　　　)

개 미
Ant
앤트

(　　　)

사마귀
Mantis
맨티스

(　　　)

풍뎅이
Beetle
비틀

(　　　)

잠자리
Dragonfly
드래건훌라이

(　　　)

메뚜기
Locusts
로우커스트

(　　　)

무당벌레
Ladybug
레이디벅

(　　　)

6. Essential Korean Phrases

(1) 공항에서 At the Airport

출국 수속은 어디에서 하나요?
Where do I go to check-in?
웨어 두 아이 고우 투 체낀

34번 게이트로 가세요.
Go to the gate 34.
고우 투 더 게이트 써티 포어

여권을 보여주세요.
Your passport, please.
유어 패스포트, 플리즈

탑승은 오후 1시부터 가능합니다.
You can board from 1 p.m.
유 큰 보드 후람 원 피엠

면세점은 어디에 있나요?
Where is the duty-free shop?
웨어 이즈 더 듀리후뤼 샾

화장실은 어디에 있나요?
Excuse me, where is the restroom?
익스큐즈 미 웨어 이즈 더 뤠스트룸

오른쪽 길을 따라가세요.
Follow the right way.
활로우 더 롸잍 웨이

6. Essential Korean Phrases

(1) 공항에서 At the Airport

방문 목적이 뭔가요?

What is the purpose of your visit?

왙 이즈 더 퍼퍼스 업 유어 뷔짙

여행입니다.

It's a trip.

잊 어 트립

얼마나 체류해요?

How long are you staying?

하우 롱 아 유 스떼잉

1주일 이요

A week

에이 윅

일행이 있나요?

Do you have company?

두 유 햅 컴뻐니

네, 친구랑 같이 왔어요

Yes, I came with my friend

예스 아이 케임 윌 마이 후렌드

좋은 여행이 되길 바랍니다.

I hope you have a good trip.

아이 호옾 유 햅 어 굳 트맆

6. Essential Korean Phrases

(2) 지하철에서 On the Subway

서울역으로 가려면 어디로 가요?

Where do I go to Seoul Station?

웨어 두 아이 고우 투 서울 스떼이션

환승이라고 써있는 곳으로 가세요.

Go to the place that says transfer.

고우 투 더 플레이스 댙 새즈 트랜스훠

얼마나 걸릴까요?

How long will it take?

하우 롱 윌 잍 테익

30분 정도 걸려요.

It takes about 30 minutes

잍 테익스 어바웉 써리 미닡

여기에 앉아도 되나요?

Can I sit here?

캔 아이 싵 히어

네, 앉아도 됩니다.

Sure, you can sit down.

슈어 유 큰 싵 다운

감사합니다.

Thank you.

땡큐

(3) 호텔에서 At the Hotel

체크인 하려고 합니다.
I'm going to check-in.
아임 고잉 투 체낀[아임 고너 체낀]

예약 하셨나요? 성함이 어떻게 되시죠?
Have you made a reservation? What is your name?
햅 유 메읻 어 뤠저붸이션? 휠 이즈 유어 네임

예약 했습니다. 홍길동입니다.
I made a reservation. My name is Hong Gil-dong.
아이 메읻 어 뤠저붸이션 마이 네임 이즈 홍길동

네, 1002호 객실 키입니다.
Yes, this is the key to room 1002.
예스 디스 이즈 더 키 투 룸 원 따우전 투

식당은 어디에 있나요?
Where is the restaurant?
웨어 이즈 더 레스떠런

식당은 2층에 있습니다.
The restaurant is on the 2nd floor.
더 레스떠런 이즈 온 더 세껀 훌로어

조식은 몇시까지 먹을 수 있나요?
Until what time can I have breakfast?
언틸 휠 타임 캔 아이 햅 브렉훠스트

6. Essential Korean Phrases

(3) 호텔에서 At the Hotel

와이파이 비밀번호는 무엇인가요?
What is the Wi-Fi password?
휄 이즈 더 와이화이 패스월

객실 안내 책자에서 확인하실 수 있습니다.
You can check it out in the room brochure.
유 캔 체낄 아웉 인 더 룸 브로우셔

수영장은 언제 사용할 수 있나요?
When can I use the pool?
왠 캔 아이 유즈 더 풀

수영장은 24시간 이용이 가능합니다.
The pool is open 24 hours a day.
더 풀 이즈 오우쁜 퉤니훠 아워즈 어 데이

짐을 맡기고 싶어요.
I want to leave my luggage.
아이 워너 리브 마이 러기지

이 곳에 성함과 연락처를 적어주세요.
Please write your name and contact number here.
플리즈 롸잍 유어 네임 앤 칸택 넘버 히어

오후 4시에 찾으러 올게요.
I'll be back at 4 p.m. to pick it up.
아일 비 백 앹 훠 피엠 투 피낄 엎

(4) 식당에서 At the Restaurant

불고기 2인분과 된장찌개 주세요.
Two servings of bulgogi and soybean paste stew, please
투 서빙스 업 불고기 앤 쏘이빈 페이스트 스튜, 플리즈

물은 셀프에요
Water is self-served
와러스 셀후 서브드

냉면도 2그릇 주세요.
Please give me two bowls of cold noodles.
플리즈 깁 미 투 보울즈 업 코울드 누들즈

볶음밥 2인분 주세요.
Please give me two fried rice.
플리즈 깁 미 투 후라이드 롸이스

배 불러요. 배 터질 것 같아요!
I'm full. I'm so full!
아임 훌[풀] 아임 쏘우 훌[풀]

여기 계산해주세요.
I'd like to pay here, please.
아이드 라잌 투 페이 히어 플리즈

잘 먹었습니다.
I really enjoyed the meal.
아 릴리 인조읻 더 밀

(5) 카페에서 At the Cafe

아이스 아메리카노 1잔 주세요.

Please give me one cup of ice americano.
플리즈 깁 미 원 컵 업 아이스 아메리카노우

어떤 사이즈로 드릴까요?

What size would you like?
휠 사이즈 웉 유 라익

큰 사이즈로 주세요.

I'd like a large size, please.
아이드 라익 어 라지 사잇 플리즈

포장해 가실 건가요?

Are you going to take it out?
아 유 고우잉 투 테익낃 아웉

아니요, 먹고 갈게요.

No, I'll eat and go.
노오우 아일 잍 앤 고오우

음료가 나오면 불러드릴게요.

I'll call you a drink when it comes out.
아일 콜 유 왠 잍 컴즈 아웉

시럽도 넣어주세요

Please add syrup, too
플리즈 앤 써럽 투

⑹ 인사 Greeting

안녕하세요, 처음 뵙겠습니다.
Hello. How do you do?
헬로우. 하우 듀 두

이름이 뭐에요?
What's your name?
윁쯔 유어 네임

홍길동이라고 합니다.
My name is Hong Gil-dong.
마이 네임 이즈 홍길동

몇 살이세요?
How old are you?
하우 오울드 아 유

30살 입니다.
I am 30 years old.
아이 엠 써티 이어즈 오울드

취미가 뭐에요?
What's your hobby?
윁쯔 유어 하비

저는 여행을 좋아합니다.
I like traveling.
아이 라익 트래블링

(6) 인사 Greeting

직업이 뭐에요?
What's your job?
월쯔 유어 잡

저는 디자이너입니다.
I am a designer.
아 엠 어 디자이너

고마워요.
Thank you.
땡큐

천만에요.
You're welcome.
유어 웰껌

이것 좀 도와주세요.
Give me a hand with this.
김 미 어 핸드 윌 디스

정말 친절하시네요
That's really kind of you.
댙쯔 륄리 카인 업 유

다음에 또 만나요!
See you next time!
씨 유 넥스 타임

⑺ 긴급 상황 시 In Case of Emergency

길을 잃었어요.

I'm lost.

아임 로스트

호텔로 돌아가는 길을 못 찾겠어요.

I can't find the way back to my hotel.

아이 캔 화인 더 웨이 백 투 마이 호우텔

여권을 잃어버렸어요.

I lost my passport.

아이 로스트 마이 패스포트

경찰을 불러 주세요.

Call the police, please.

콜 더 폴리스 플리즈

뭔가 잘못 먹은 거 같아요.

I think I ate something bad.

아 띵크 아이 에잍 썸띵 밷

이 근처에 약국 있나요?

Is there a pharmacy nearby?

이즈 더어 러 화머시 니어바이

의사가 필요해요.

I need a doctor.

아이 닏 어 닥터

(7) 긴급 상황 시 In Case of Emergency

열이 나나요?

Do you have a fever?

두 유 햅 어 휘붜

열이 좀 있습니다.

I have a temperature.

아이 햅 어 템뻐러처

좀 도와줄 수 있나요?

Could you help me?

쿤 유 헬프 미

네, 어떻게 도와줄까요?

Yes, how should I help you?

예스, 하우 슏 아이 헬프 유

모르겠습니다. 천천히 말씀해 주세요?

I don't understand. Please speak more slowly?

아이 도운 언더스땐 플리즈 스삑 모어 슬로울리

다시 한번 말씀해 주시겠어요?

Could you say that again? [I beg your pardon?]

쿤 유 세이 댙 어겐 [아이 벡 유어 파든]

적어 주세요!

Please write it down!

플리즈 롸잍 잍 다운

* 일러두기

- 영어 원어민 발음 한글 표기
  외래어 표기법을 따르지 않음.(pp.42~92)

- Koreanized English native speaker
  pronunciation

7. Appendix

● Modern Korean Alphabet

As described in chapter 1, modern Korean alphabet has 14 Basic Consonants and 10 Basic Vowels. Along with these, 5 Tense Consonants, 11 Compound Consonants & 11 Diphthongs are used. 51 letters in total.

Name and sound of Korean consonants are listed in Table A1 & A3 and Korean vowels are named after their sound (Table A2).

Unique one sound for each of the 51 letters. Korean alphabet represents phonological features and on this account Hangul(Korean Alphabet) is classified as featural script (Table A1, A2 & A3).

Table A1. The Initial (Consonant) [첫소리글자, 초성, Onset]

Consonant	14 Basic Consonants [Single Consonants]									
	ㄱ	ㄴ	ㄷ	ㄹ	ㅁ	ㅂ	ㅅ	ㅇ*1	ㅈ	ㅊ
Name (Hangul)	기역	니은	디귿	리을	미음	비읍	시옷	이응	지읒	치읓
Name (Romanized)	gi-yeok	ni-eun	di-geut	ri-eul	mi-eum	bi-eup	s(h)i-ot	i-eung	ji-eut	chi-eut
Romanization Equivalent	g	n	d	r	m	b	s	silent	j	ch

* Mute, Placeholder

Table A2. The Medial (Vowel) [가운데소리글자, 중성, Nucleus]

Vowel	10 Basic Vowels									
	ㅏ*	ㅑ**	ㅓ*	ㅕ**	ㅗ*	ㅛ**	ㅜ*	ㅠ**	ㅡ*	ㅣ*
Name & Romanization Equivalent	a	ya	eo	yeo	o	yo	u	yu	eu	i

* Single Vowels
** Iotized Diphthongs

Table A3. The Final (Consonant) [끝소리글자 또는 받침, 종성, Coda]

Consonant	14 Basic Consonants [Single Consonants]													
	ㄱ	ㄴ	ㄷ	ㄹ	ㅁ	ㅂ	ㅅ	ㅇ*1	ㅈ	ㅊ	ㅋ	ㅌ	ㅍ	ㅎ
Name (Hangul)	기역	니은	디귿	리을	미음	비읍	시옷	이응	지읒	치읓	키읔	티읕	피읖	히읗
Name (Romanized)	gi-yeok	ni-eun	di-geut	ri-eul	mi-eum	bi-eup	s(h)i-ot	i-eung	ji-eut	chi-eut	ki-euk	ti-eut	pi-eup	hi-eut
Romanization Equivalent	g	n	d	r	m	b	s	ing	j	ch	k	t	p	h

*1 Guttural, ŋ
*2 Consonant Clusters
*3 Tense Consonants

Consonant	5 Tense Consonants								
	ㅋ	ㅌ	ㅍ	ㅎ	ㄲ	ㄸ	ㅃ	ㅆ	ㅉ
Name (Hangul)	키읔	티읕	피읖	히읗	쌍기역	쌍디귿	쌍비읍	쌍시옷	쌍지읒
Name (Romanized)	ki-euk	ti-eut	pi-eup	hi-eut	ssang-giyeok	ssang-digeut	ssang-bi-eup	ssang-s(h)i-ot	ssang-ji-eut
Romanization Equivalent	k	t	p	h	kk	tt	pp	jj	ss

Vowel	11 Diphthongs [Combined Vowels]										
	ㅐ*	ㅒ	ㅔ*	ㅖ	ㅚ*	ㅟ*	ㅢ	ㅘ	ㅝ	ㅙ	ㅞ
Name & Romanization Equivalent	ae	yae	e	ye	oe	wi	ui	wa	wo	wae	we

Consonant	2 Tense Consonants & 11 Consonant Clusters												
	ㄳ*2	ㄲ*3	ㄵ*2	ㄶ*2	ㄺ*2	ㄻ*2	ㄼ*2	ㄽ*2	ㄾ*2	ㄿ*2	ㅀ*2	ㅄ*2	ㅆ*3
Name (Hangul)	기역 시옷	쌍 기역	니은 지읒	니은 히읗	리을 기역	리을 미음	리을 비읍	리을 시옷	리을 티읕	리을 피읖	리을 히읗	비읍 시옷	쌍 시옷
Name (Romanized)	gi-yeok-s(h)i-ot	ssang-gi-yeok	ni-eun-ji-eut	ni-eun-hi-eut	ri-eul-gi-yeok	ri-eul-mi-eum	ri-eul-bi-eup	ri-eul-s(h)i-ot	ri-eul-ti-eut	ri-eul-pi-eup	ri-eul-hi-eut	bi-eup-s(h)i-ot	ssang-s(h)i-ot
Romanization Equivalent	gs	kk	nj	nh	lg	lm	lb	ls	lt	lp	lh	bs	ss

세계는 하나

김 낙 환

우리나라가
언제부터인가
미국이 되었다.
월남 사람도
필리핀 사람도
몽골 사람도
시집을 와서
우리나라 사람들이 되었다.
시부모 모시고 농사짓는
농촌 총각의
착한 아내가 되었다.

적당하게 검은색
아이를 낳고
잡채 만들고
김치도 담그고
서툰 한국말로
시장도 보면서
고국을 그리워하며
그렇게
살아간다.

조국의 누나들이
서양 사람들과
그렇게 그렇게
살았던 것처럼
그 사람들도
그렇게 그렇게
살아간다.

The World is One

Kim Nak-hwan

Our country
Since when
It became the United States.
People living in South Korea, too
Philipinos, too
Mongolians, too
They got married
They has become our people.
Farming with parents-in-law
Of the country's bachelorette
She became a good wife.

Black enough
After giving birth to a child
She made japchae
She made kimchi, too
In poor Korean
Shopping at the market
Missing her home country
As such
She is living.

My country's sisters
With Westerners
Like that, like that
As if They lived
Those people, too
Like that, like that
She is living.

시집 「서울살이 그리고 어머니」(2024)에서 발췌

Part Two
Singing along Korean Hymns & Songs
2부 – 한글 노래 따라 부르기

1

기뻐하며 경배하세
Joyful, joyful, we adore Thee
(찬송가 64장, 통 13장)

H. van Dyke, 1911

L. van Beethoven, 1824

1. 기뻐하며 경배하세 영광의주 하나님
Joy-ful, joy-ful, we a-dore Thee, God of glo-ry Lord of love;
조이-휠 조이-휠 위 어-도어 디 갓 업 글로-리 로드 업 러브

2. 땅과하늘 만물들이 주의솜씨 빛 내고
All Thy works with joy sur-round Thee; Earth and heav'n re-flect Thy rays;
올 다이 웍스 윗 조이 써-라운드 디 어뜨 앤드 헤븐 리플렉트 다이 레이스

주앞에서 우리마음 피어나는 꽃 같아
Hearts un-fold like flow'rs be-fore Thee, Open-ing to the sun a-bove.
하츠 언-휘울드 라잍 플라워즈 비-포 디 옾-닝 투 더 선 어-법

별과천사 노래소리 끊임없이 드 높아
Stars and an-gels sing a-round Thee, Cen-ter of un-bro-ken praise.
스타즈 앤드 에인-절스 싱 어-라운드 디 센-터 업 언-브로-끈 프레이즈

죄와슬픔 사라 지고 의심 구름걷 히 니변
Melt the clouds of sin and sad-ness; Drive the dark of doubt a-way; Giv-
멜트 더 클라웃 업 씬 앤드 샛-네스 드라입 더 다크 업 다웃 어-웨이 기

물과숲과 산과 골짝 들판 이나 바 다 나모
Field and for-est, vale and moun-tain, Flow-ery mead-ow, flash-ing sea, Chant-
필드 앤드 포리-스트 베일 앤드 마운-틴 플라-워리 메도-우 플래-셩 씨 챈

- 함없는 기쁨의주 밝은빛을 주시네
er of im - mor-tal glad-ness, Fill us with the light of day!
버 업 이 모-틀 글랫-네스 휠 어스 윗 더 라잇 업 데이

- 든만물 주의사랑 기뻐찬양 하여라
ing bird and flow-ing foun-tain, Call us to re - joice in Thee.
팅 벗 앤드 플로-윙 파운-틴 콜 어스 투 리-조이스 인 디

기뻐하며 경배하세 1

Joyful, joyful, we adore Thee

(찬송가 64장, 통 13장)

H. van Dyke, 1911

L. van Beethoven, 1824

3 . 우리주는 사랑이요 빛과 근원 이 시니
Thou art giv-ing and for-giv-ing, Ev - er bless-ing, ev-er blest,
다우 아트 기-뷩 앤드 포-기-뷩 에버 블레-싱 에버 블렛

4 . 새벽별의 노래따라 힘찬찬송 부 르 니
Mor-tals join the might-y cho-rus, Which the morn-ing stars be-gan.
모털-스 조인 더 마이-티 코러-스 위치 더 모-닝 스타즈 비-갠

삶 이 기쁜 샘 이 되어 바 다 처 럼 넘 치 네
Well-spring of the joy of liv - ing, O-cean depth of hap-py rest!
웰-스피링 업 더 조이 업 리-빙 오-우션 뎁뜨 업 해-피 레스트

주 의 사 랑 줄 이 되어 한 맘 되 게 하 시 네
Fa - ther - love is reign-ing o'er us Broth-er-love binds man to man.
화 - 더 - 러브 이즈 레이-닝 오어 어스 브러-더-러브 바인즈 맨 투 맨

아 버 지 의 사 랑 안 에 우 리 모 두 형 제 니 서
Thou our Fa-ther, Christ our Broth-er, All who live in love are Thine. Teach
다우 아우어 파더 크라이슬 아워 브러-더 올 후 리브 인 러브 아 다인 티취

노 래 하 며 행 진 하 여 싸 움 에 서 이 기 고 승
Ev - er sing - ing, march we on-ward, Vic-tors in the midst of strife; Joy-
에-버 씽-잉 마취 위 온-워드 빅-터스 인 더 믿슽 업 스트라입 조이

- 로 서 로 사 랑 하 게 도 와 주 시 옵 소 서
us how to love each oth-er; Lift us to the joy di-vine.
어스 하우 투 러브 이취 어-더 리트 어스 투 더 조이 디-바인

- 전 가 를 높 이 불 러 주 께 영 광 돌 리 세 아 멘
ful mu - sic leads us sun-ward In the tri - umph song of life. A - men.
휠 뮤-직 리즈 어스 선-워드 인 더 트라이-엄프 송 업 라입 아-멘

2 다 찬양 하여라

Praise to the Lord, the Almighty

(찬송가 21장, 통 21장)

J. Neander, 1680   Arr. by W. S. Bennett, 1864

1. 다찬양 하여라 전능왕 창조의 주 께
   Praise to the Lord, the Al - might - y, the King of cre - a - tion!
   프레이즈 투 더 로드 디 올 - 마이 - 티 더 킹 업 크리 - 에 - 이션

2. 다찬양 하여라 놀라운 만유의 주 께
   Praise to the Lord, who o'er all things so won-drous-ly reign - eth,
   프레이즈 투 더 로드 후 오어 올 띵스 소우 원 - 드러 - 슬리 레인 - 뜨

내 혼아 주 찬양 평강과 구원의 주 님
O, my soul, praise Him, for He is thy health and sal - va - tion!
오 마이 쏠 페레이스 힘 포 히 이즈 다이 헬쓰 앤드 쌜 - 베 - 이션

포근한 날 개밑 늘품어 주시는 주 님
Shield - eth thee un - der His wings, yea, so gent- ly sus - tain - eth!
쉴 - 딛 디 언 - 더 히즈 윙스 에이 소우 젠틀 - 리 써스 - 테인 - 뜨

성 도 들 아 주 앞 에 이 제 나 와
All ye who hear, Now to His tem - ple draw near;
올 예 후 히어 나우 투 히즈 템 - 플 드로우 니어

성 도 들 아 주 님 의 뜻 안 에 서
Hast thou not seen How thy de - sires e'er have been
해스트 다우 낱 씬 하우 다이 자이 - 어즈 에어 햅 빈

즐 겁 게 찬 양 하 여 라
Join ye in glad ad - o - ra - tion!
조인 이 인 글랜 어 - 도 - 레 - 이션

네 소 원 다 이 루 리 라
Grant - ed in what He or - dain - eth?
그랜티 - 드 인 월 히 오 - 데인 - 뜨

다 찬양 하여라

Praise to the Lord, the Almighty

(찬송가 21장, 통 21장)

J. Neander, 1680

Arr. by W. S. Bennett, 1864

2

3. 다찬양 하 여라 온몸과 마음을 바 쳐
Praise to the Lord, O, let all that is in me a-dore Him!
프레이즈 투 더 로드 오 렡올 댙 이즈인 미 어-도어 힘

이세상 만 물이 주앞에 다나와 찬 양
All that hath brea-th join with Abraham's seed to a-dore Him!
올 댙 해뜨 브레-뜨 죠인 윋 에입러햄즈 시드 투 어-도어 힘

성 도들아 기 쁘게 소리높 여
Let the "A-man!" Sum all our praises a-gain.
렡 디 에이-멘 섬 올 아워 프레이지즈 에-게인

영 원히 찬양하 여 라 아 멘
Now as we worship be-fore Him. A-men.
나우 어즈 위 워쉽 비 훠 힘 아-멘

3 복의 근원 강림하사
Come, Thou fount of every blessing
(찬송가 28장, 통 28장)

R. Robinson, 1759

J. Wyeth's Repository, 1813

1. 복의 근원강림 하사 찬송 하게 하소 서
Come, Thou Fount of ev-'ry bless-ing, Tune my heart to sing Thy grace;
컴 다우 파운트 업 엡뤼 블레-씽 튠 마이 하트 투 씽 다이 그레이스

2. 주의 크신도움 받아 이때 까지 왔으 니
Here I raise my Eb-en-e-zer; Hith-er by Thy help I'm come;
히어 아이 레이즈 마이-에 -벤 -니 -저 히 -더 바이 다이 헬프 아임 컴

한 량 없이 자비 하심 측량 할 길 없도 다
Streams of mer-cy, nev-er ceas-ing, Call for songs of loud-est praise.
스트림스 업 머 -씨 네 -버 씨-징 콜 훠 송즈 업 라우디-스트 프레이즈

이 와 같이 천국 에도 이르기 를 바라 네
And I hope, by Thy good pleas-ure, Safe-ly to ar-rive at home.
앤드 아이 호프 바이 다이 굳 플레 -져 쎄이플-리 투 어-라입 앹 호움

천 사 들의 찬송 가 로 나를 가르 치소 서
Teach me some me lo-dious son net, Sung by flam-ing tongues a-bove;
티취 미 썸 밀 로우-디어스 싸 닡 성 바이 홀레이-밍 텅즈 어-법

하 나 님의 품을 떠 나 죄에 빠진우리 를
Jes-us sought me when a stran-ger, Wan-d'ring from the fold of God;
지져-쓰 쏘트 미 웬 어 스트레인-져 원-드링 프람 더 훠울드 업 갇

구 속 하신 그 사 랑을 항상 찬송 합니 다
Praise the mount! I'm fixed up-on it, Mount of Thy un-chang-ing love.
프레이즈 더 마운트 아임 픽스트 어-펀 잍 마운트 업 다이 -언 -체인 -징 럽

예 수구 원하 시려 고 보혈 흘러 주셨 네
He, to res-cue me from dan-ger, In-ter-posed His prec-ious blood.
히 투 레쓰-큐 미 프람 데인-져 인-터-포우즐 히즈 프레-셔스 블러드

복의 근원 강림하사

Come, Thou fount of every blessing

(찬송가 28장, 통 28장)

R. Robinson, 1759

J. Wyeth's Repository, 1813

3

3. 주의 귀한 은혜 받고 일생 빚 진 자 되 네
O, to grace how great a debt-or Dai-ly I'm con-strained to be;
오우 투 그레이스 하우 그레잍 어 덴-터 데일-리 아임 컨-스레인드 투 비

주의 은혜 사슬 되사 나를 주께 매소 서
Let Thy goodness, like a fet-ter, Bind my wan-d'ring heart to Thee.
렡 다이 굳네스 라이크 어 페-러 바인드 마이 원 드링 하트 투 디

우리 맘은 연약하여 범죄 하기 쉬우 니
Prone to wan-der, Lord, I feel it, Prone to leave the God I love;
프로운 투 원-더 로드 아 필 잍 프로운 투 리브 더 갇 아이 럽

하나 님이 받으 시고 천국 인을 치소 서 아 멘
Here's my heart-O, take and seal it, Seal it for Thy courts a-bove. A - men.
히어즈 마이하트-오우 테잌 앤드 씰 잍 씰 잍 포 다이 코츠 어-법 아 - 멘

4 온 천하 만물 우러러
All creatures of our God and King
(찬송가 69장, 통 33장)

Francis of Assisi, 1225
Para. by W. H. Draper, 1926

Geistliche Kirchengesäng, Cologne, 1623
Arr. by R. V. Williams, 1906

1. 온 천하만물우러러 　 다 주를찬양하여라
All crea-tures of our God and King, Lift up your voice and with us sing:
올 크리-쳐즈 업 아워 갇 앤드 킹 리프트 업 유어 보이스 앤드윋 어쓰 싱

2. 힘 차게부는바람아 　 떠 가는묘한구름아
Thou rush-ing wind that art so strong, Ye clouds that sail in heaven a- long:
다우 러-쉥 윈드 댇 아트 쏘 스트롱 에 클라우즈 댇 쎄일 인 헤븐 얼-롱

할렐루 야할렐루 야 저 금빛나는밝은 해
Al-le-lu - ia! Al-le-lu - ia! Thou burn-ing sun with gold-en beam,
알렐루 야 -알 -렐루- 야 다우 번-닝 썬 위드 골-든 빔

할렐루 야할렐루 야 저 돋는장한아침 해
Al-le-lu - ia! Al-le-lu - ia! Thou ris-ing morn, in praise re-joice,
알 -렐루 야 알 -렐루 - 야 다우 라이징 몬 인 프레이즈 리-조이스

저 은 빛나는밝은 달 하나 님 을찬양하 라
Thou sil-ver moon with soft-er gleam! Oh, praise Him! Oh, praise Him!
다우 실-버 문 윋 솝-터 글림 오우 프레이즈 힘 오우 프레이즈 힘

저 지 는고운저녁 놀 하나 님 을찬양하 라
Ye lights of eve-ning, find a voice! Oh, praise Him! Oh, praise Him!
이 라이츠 업 입-닝 화인드 어 보이스 오우 프레이즈 힘 오우 프레이즈 힘

할렐 루 야할 렐루 야 할렐 루 야
Al-le-lu - ia! Al-le-lu - ia! Al-le-lu - ia!
알렐루 야 알렐루 야 알렐루 야

온 천하 만물 우러러　4

All creatures of our God and King

(찬송가 69장, 통 33장)

Francis of Assisi, 1225
Para. by W. H. Draper, 1926

Geistliche Kirchengesäng, Cologne, 1623
Arr. by R. V. Williams, 1906

3 . 저　흘러가는맑은 물　　다 주를노래하여 라
Thou flow-ing wa-ter, pure and clear, Make mu-sic for thy Lord to hear,
다우 플로-윙 워-러 퓨어 앤드 클리어　메이크 뮤-직　포 다이 로드 투 히어

4 . 주　은혜받은만민 아　　다 꿇어경배하여 라
Let all things their Cre - a - tor bless, And wor - ship Him in hum-ble-ness.
렐 올 띵즈 데어 크리-에이-터 블레스　앤드 워-십　힘 인 험-블-네스

할렐루 야 할렐루 야 저　조화많은밝은 불
Al - le - lu ia! Al - le - lu ia! Thou fire so mas-ter-ful and bright,
알 -렐 -루 야 알 -렐 -루 야 다우 화여 소우 매스-터-플 앤드 브라이트

할렐루 야 할렐루 야 저　보좌위의주님 께
Al - le - lu ia! Al - le - lu - ia! Praise, praise the Fa-ther, praise the Son,
알 -렐 -루 야 알 -렐 -루 야 프레이즈 프레이즈 더 화-더 프레이즈 더 썬

그　빛 과열을내어 서　　하나 님 을찬양 하 라
Thou giv-est man both warmth and light! Oh, praise Him! Oh, praise Him!
다우 깁스-트 맨 본 웜뜨 앤드 랄이트　오우 프레이즈 힘　오우 프레이즈 힘

존　귀 와영광돌려 라　　주를 찬 양할렐 루 야
And praise the Spir-it, Three in One! Oh, praise Him! Oh, praise Him!
앤드 프레이즈더 스삐-맅 뜨리 인 원　오우 프레이즈 힘　오우 프레이즈

할렐루 야 할렐루 야 할렐루 야 아 멘
Al - le - lu - ia! Al - le - lu - ia! Al - le - lu - ia! A - men.
알 렐 루 야 알 렐 루 야 알 렐 루 야 아 - 멘

5 전능왕 오셔서
Come, Thou Almighty King
(찬송가 10장, 통 34장)

Anon. from George Whitefield's
... Hymns for Social Worship, 1757

Felice de Giardini, 1769

1. 전능왕 오 셔서 주이름 찬송케
   Come, Tho Al - might - y King   Help us Thy Name to sing
   컴 다우 올- 마이-티 킹   헬프 어스 다이 네임 투 씽

2. 강생한성 자여 오셔서기도를
   Come, Thou In - car - nate Word,   Gird on Thy might - y sword,
   컴 다우 인- 카 네이트 워드   거드 온 다이 마이 - 티 소드

하옵소 서 영광과 권능의 성부여 오 셔서
Help us to praise: Fa - ther, all glo - ri - ous,   O'er all vic - to - ri - ous,
헬프 어스 투 프레이즈   화 -더 올 글 -로리-어스 오어 올 뷕 토 리 어스

들 으소 서 택 하신 백성들 복내려 주 시고
Our prayer at-tend: Come, and - Thy- peo-ple bless, Now rule in ev - ery heart,
아워 프레어 어-텐드   컴 앤드 다이 피- 쁠 블레쓰 나우 룰 인 엡 - 뤼 하트

우 리 를 다 스 려 주 옵 소 서
Come, and reign o - ver us,   An - cient of Days.
컴 앤드 레인 오 우버 어스   에인 션트 업 데이즈

거 룩 한 마 음 을 주 옵 소 서
Spir - it of Ho - li - ness,   On us de - scend.
스삐 릴 업 호울 -리 -네스 오 어스 디 -센드

전능왕 오셔서

Come, Thou Almighty King
(찬송가 10장, 통 34장)

5

Anon. from George Whitefield's
... Hymns for Social Worship, 1757

Felice de Giardini, 1769

3. 위로의 주　　성령　오셔서 큰 증거
Come, Ho-ly Com fort-er,　Thy sa-cred wit-ness bear
컴 호 울리 컴 훠-터　　다이 세이-크린 윌-네스 베어

4. 성삼위일　 체께　한 없는 찬 송을
To the great One　 in Three　Et-er-nal prais-es　be,
투 더 그레잍 원　인 뜨리　이 터 늘 플레이-짓즈 비

주옵소 서　전능한 주 시여 각 사람 맘 에서
In this glad　hour:　Thou who al-might-y art, Now rule in　ev-ery heart,
인 디스 글래드 아워　다우 후 올-마이-티 아트 나우 룰 인　엡-뤼 하트

드립니 다　존 귀한 주 님을 영광 중 뵈 옵고
Hence ev-er-more.　His sov-ereign maj-es-ty May we in　glo-ry see,
헨스 에-붜 모어　히즈 사 -붜린 매지-스-띠 메이 위 인　글로-리 씨

떠 나 지 마 시고 계 십소 서
And ne'er from us de-part, Spir-it of pow'r.
앤드 네어 프람 어쓰 디-파트 스삐 릿 업 파워

영 원 히 모 시게 하옵소 서 아 멘
And to e-ter-ni-ty Love and a-dore　A - men.
앤드 투 이-터-너 티 럽 앤드 어-도어　아 - 멘

6 주 예수 이름 높이어

All hail the pow'r of Jesus' name

(찬송가 37장, 통 37장)

E. Perronet, 1779   J. Ellor, 1838

1. 주 예 수 이 름 높 이 어 다 찬 양 하 여 라
All hail the pow'r of Je - sus' name! Let an-gels prostrate fall!
올 헤일 더 파워 업 지- 져스 네임 렡 에인젤스프라스트레잍 휠

2. 주 예 수 당 한 고 난 을 못 잊 을 죄 인 아
Sin ners whose love can ne'er for-get The worm-wood and the gall,
씨 너즈 후즈 럽 캔 네어 훠-겥 더 웜-운 앤드 더 골

다 찬 양 하 여 라 금 면 류 관 을 드 려 서
Let an - gels prostrate fall. Bring forth the roy - al di - a dem,
렡 에인-젤스 프라스트레잍 휠 브링 훠뜨 더 로-열 다이-어- 덤

못 잊 을 죄 인 아 네 귀 한 보 배 바 쳐 서
Come, lay your tro-phies at His feet, and crown Him Lord of all!
컴 레이 유어 트로우-휫 앹 히즈 휠 앤드 크라운 힘 로오드 업 올

만 유 의 주 를 찬 양 하 세 찬 양
And crown Him, crown Him, crown Him, crown Him, and crown Him,
앤드 크라운 힘 크라운 힘 크라운 힘 크라운 힘 앤드 크라운 힘

찬 양 찬 양 만 유 의 주 찬 양
crown Him, crown Him And crown Him Lord o f all!
크라운 힘 크라운 힘 앤드 크라운 힘 로오드 업 올

주 예수 이름 높이어

All hail the pow'r of Jesus' name

(찬송가 37장, 통 37장)

E. Perronet, 1779

J. Ellor, 1838

6

3. 이 지 구 위 에 거 하 는 온 세 상 사 람 들
Let ev-ery kin-dred, ev-ery tribe, On this terrestrial ball,
렐 엡-뤼 킨-드렌 엡-뤼 추라입 안 디스 터레스트리얼 볼

4. 주 믿 는 성 도 다 함 께 주 앞 에 엎 드 려
Oh, that with yon-der sa-cred throng We at His feet may fall!
오우 댈 읻 얀-더 세이-크린 뜨롱 위 앹 히즈 휠 메이 휠

온 세 상 사 람 들 그 크 신 위 엄 높 여 서
On this ter-res-trial ball, To Him all maj-es-ty as-cribe,
안 디스 터-레스-트리얼 볼 투 힘 올 매지-스-띠 어스-크라입

주 앞 에 엎 드 려 무 궁 한 노 래 불 러 서
We at His feet may fall! We'll join the ev-er-last-ing song,
위 앹 히즈 휠 메이 휠 월 죠인 더 에-붜-래스-팅 쏭

만 유 의 주 를 찬 양 하 세 찬 양
And crown Him, crown Him, crown Him, crown Him, and crown Him,
앤드 크라운 힘 크라운 힘 크라운 힘 크라운 힘 앤드 크라운 힘

찬 양 찬 양 만 유 의 주 찬 양 아 멘
crown Him, crown Him And crown Him Lord of all! A-men.
크라운 힘 크라운 힘 앤드 크라운 힘 로오드 업 올 아-멘

7 찬송으로 보답할 수 없는

We are never, never weary

(찬송가 40장, 통 43장)

F. J, Crosby, 1885

W. J. Kirkpatrick, 1887

1. 찬송으로보답할수없는큰사랑 주님께영광할렐루 야
   We are nev-er, nev-er wea-ry of the grand old song; Glo-ry to God, hal-le-lu - jah!
   위 아 네-붜 네-붜 위-리 업 더 그랜드올드 쏭 글로뤼 투 갇 할-렐루 야

2. 우리받은주님은혜한량없도다 주님께영광할렐루 야
   We are lost a-mid the rap-ture of re-deem-ing love; Glo-ry to God, hal-le-lu - jah!
   위 아 로스트어믿 더 랩-춰 업 뤼-딤-잉 럽 글로뤼 투 갇 할-렐루 야

형제자매모두함께모여찬송해 주님의영광할렐루야
We can sing it loud as ev-er, with our faith more strong: Glo-ry to God, hal-le-lu-jah!
위 캔 씽 잍 라우드애즈 에붜 윋 아워 페잍 모어 스트롱 글로리 투 갇 할-렐-루-야

기쁜찬송부르면서천국가겠네 주님의영광할렐루야
We are ris-ing on its pin-ions to the hills a-bove: Glo-ry to God, hal-le- lu- jah!
위 아 라이징 온 이츠 피연스 투 더 힐쓰 어-넙 글로리 투 갇 할-렐 루- 야

하나 님의자녀여크게찬송부르며밝고 거룩한길로기쁨으로나아가
O, the children of the Lord have a right to shout and sing, For the way is growing bright and our souls are on the wing;
오 더 칠드뤈 업 더로오드 햅 어롸잍투 샤웉 앤 씽 휘 더 웨이 이즈그로잉브롸잍 앤 아워소울즈 아온더 윙

주의보좌앞으로속히들어가겠네 주님의영광할렐루야
We are going by and by to the pal-ace of a King! Glo-ry to God, hal le lu jah!
위 아 고잉 바이 앤드 바이투 더 팰리스 업 어 킹 글로리 투 갇 할렐 루 야

찬송으로 보답할 수 없는　7

We are never, never weary

(찬송가 40장, 통 43장)

F. J, Crosby, 1885　　　　　　　　　　　　　　W. J. Kirkpatrick, 1887

3. 영원토록우리모두주를보겠네　주님께영광할렐루 야
We are going to a pal-ace that is built of gold; Glo-ry to God, hal-le-lu - jah!
위 아 고잉 투어 팰리스 댙 이즈빌트 업 골드 글로리 투 갇 할렐루 야

4. 만국백성천국에서소리높여서　주님께영광할렐루 야
There we'll shout redeeming mercy in a glad, new song; Glo-ry to God, hal-le-lu - jah!
더 위일 샤울 뤼딤잉 머시 인어글랟 뉴 쏭 글로리 투 갇 할-렐-루 야

영광스런보좌위에거룩하신주　주님께영광할렐루야
Where the King in all His splendor we shall soon behold: Glo-ry to God, hal-le- lu - jah!
웨어 더 킹 인 올 히즈스플렌둬 위 쉘 쑨 비호울드 글로뤼 투 갇 할-렐-루 야

영원토록주의공로찬양하겠네　주 님께영광할렐루야
There we'll sing the praise of Jesus with the blood washed throng: Glo-ry to God, hal-le- lu- jah!
더 위일 씽 더 프레잇 업 지저즈 윋 더 블럳 와쉬트 뜨롱 글로뤼 투 갇 할 - 렐-루-야

하나 님의자녀여크게찬송부르며밝고 거룩한길로기쁨으로나아가
O, the children of the Lord have a right to shout and sing, For the way is growing bright and our souls are on the wing;
오 더 칠드뤈 업 더로오드 햅 어롸잍투 샤울 앤 씽 훠 더 웨이 이즈그로윙브롸잍 앤 아워소울즈 아온더 윙

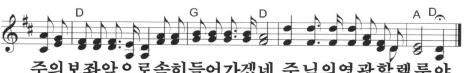

주의보좌앞으로속히들어가겠네 주님의영광할렐루야
We are going by and by to the pal-ace of a King! Glo-ry to God, hal le lu jah!
위 아 고잉 바이 앤드 바이투 더 팰리스 업 어 킹 글로리 투 갇 할렐 루 야

8 찬양하라 복되신 구세주 예수

Praise Him! Praise Him!

(찬송가 31장, 통 46장)

F. J, Crosby, 1869

C. G. Allen, 1869

찬양하라 복되신 구세주 예수 8

Praise Him! Praise Him!

(찬송가 31장, 통 46장)

F. J, Crosby, 1869

C. G. Allen, 1869

3. 찬 양 하 라 복되신구세주 예 수 천사 들아
Praise Him! praise Him! Jes-us, our bless-ed Re-deem-er! Heav'nly portals
프레이즈 힘 프레이즈 힘 지져스 아워 블레쓰트 리 딤 머 헤븐리 포틀즈

즐겁게찬양 해 구 주 예 수 영원히다스리 시 니
loud with ho-san-nas ring! Jes-us, Sav-ior, reign-eth for ev-er and ev - er;
라운 윋 호우재넛 륑 지져스 세이뷔어 뤠인 뜨 휘 에뷔 앤드 에 - 뷔

면 류 관 을 주앞에드 리 세 구 주 예 수
Crown Him! crown Him! Prophet, and Priest, and King! Christ is com-ing,
크라운 힘 크라운 힘 프롸핕 앤드프뤼스트 앤드 킹 크라이스트이즈 커-밍

세 상을이기 시 고 영광 중에 또다시오시리
o-ver the world vic-to-rious; Pow'r and glo - ry un-to the Lord be-long.
오우뷔 더 워얼드 뷕-토뤼어스 파우워 앤드 글로-뤼 언 투 더 로오드 빌-롱

찬 양 하 라 높으신권세를 찬 양
Praise Him! praise Him! tell of His excellent greatness.
프레이즈 힘 프레이즈 힘 텔 업 히즈 엑셀런트 그레잍네스

찬 양 찬 양 영원히 드 리 세
Praise Him! praise Him! ev-er in joy-ful song!
프레이즈 힘 프레이즈 힘 에 뷔 인 조이 훨 쏭

9 참 아름다워라
This is my Father's world
(찬송가 478장, 통 78장)

M. D. Babcock, 1901

Traditional English Melody
Adapt. by F. L. Sheppard, 1915

1. 참 아름다와라 주 님의세계는
This is my Fa-ther's world, And to my lis-tning ears,
디스 이즈 마이 화-뒈스 워얼드 앤드 투 마이 리-쓰닝 이여즈

2. 참 아름다와라 주 님의세계는
This is my Fa-ther's world, The birds their car-ols raise,
디스 이즈 마이 화-뒈스 월드 더 벋즈 데어 캐롤즈 레이즈

저 솔로몬의 옷보다더고운백합 화
All na-ture sings, and round me rings The mu-sic of the spheres.
올 네이춰 씽즈 앤드 라운드 미 륑즈 더 뮤 직 업 더 스휘어즈

저 아침해와 저녁놀밤하늘빛난 별
The morn-ing light, the lil-y white, De-clare their Mak-er's praise.
더 모 닝 라이트 더 릴 리 화일 디-클레어 데어 메이커스 프레이즈

주 찬송하는듯 저 맑은새소 리
This is my Fa-ther's world: I rest me in the thought
디스 이즈마이 화-뒈스 워얼드 아이 뤠스트 미 인 더 또트

망 망한바다와 늘 푸른봉우 리
This is my Father's world: He shines in all that's fair;
디스 이즈마이 화뒤스 워얼드 히 샤인즈 인 올 댙쓰 훼어

내 아버지의 지으신그솜 씨깊도 다
Of rocks and trees, of skies and seas; His hand the won-ders wrought.
업 락스 앤드 튜리즈업 스카이즈 앤드 씨즈 히즈 핸드 더 원-뒈스 뤄트

다 주하나님 영광을잘드 러내도 다
In the rus-tling grass I hear him pass; He speaks to me ev-ery-where.
인 더 뤄-슬링 그래쓰 아이 히어 힘 패쓰 히 스픽스 투 미 엡뤼 웨어

참 아름다워라
This is my Father's world
(찬송가 478장, 통 78장)

M. D. Babcock, 1901

Traditional English Melody
Adapt. by F. L. Sheppard, 1915

3. 참 아름다와라 주 님의세계 는
This is my Fa-ther's world, O let me ne'er for-get
디스 이즈 마이 화-둬스 워얼드 오우 렛 미 네어 훠-겟

저 산에부는 바람과잔 잔 한시냇 물
That though the wrong seems oft so strong, God is the Rul-er yet,
댙 도우 더 뤙 심즈 옵 소우 스트롱 갇 이즈 더 룰-러 옐

그 소리가운데 주 음성들리 니
This is my Fa-ther's world: The bat-tle is not done;
디스 이즈 마이 화-더스 월드 더 배-틀 이즈 낱 던

주 하나님의 큰뜻을나 알 듯하도 다 아멘
Je-sus who died shall be sat-is-fied, And earth and heav'n be one. A-men.
지저스 후 다읻 샐 비 새티스-화읻 앤드 어뜨 앤드 헤븐 비 원 아멘

10 슬픈 마음 있는 사람
Take the name of Jesus with you
(찬송가 91장, 통 91장)

L. Baxter, 1870

W. H. Doane, 1871

1. 슬 픈 마음있는 사 람   예 수 이 름 믿 으 면
   Take the name of Je-sus with you,   Child of sor-row and of woe:
   테일 더 네임 업 지저스 윋 유   차일드 업 쏘로우 앤드업 오우

2. 거 룩 하 신 주 의 이 름   너 의 방 패 삼 으 라
   Take the name of Je - sus ev-er,   As a shield from ev - 'ry snare;
   테일 더 네임 업 지저스 에-붜   애즈 어 쉴드 후람 엡 리 스네어

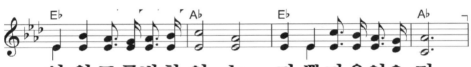

영 원 토 록 변 함 없 는   기 쁜 마음얻으 리
It will joy and com - fort give you,   Take it then Wher-e'er you go.
잍 월 죠이 앤드 컴 - 훨 길 유   테일 잍 덴 웨어에어 유 고우

환 난 시 험 당 할 때 에   주 께 기 도 드 려 라
If temp - ta - tions 'round you gath - er,   Breathe that ho - ly name in prayer.
입 템 테 이션 라운드유 개 더   브리드 댙 호울리 네임 인 프레어

예 수 의   이 름 은   세 상 의 소 망 이 요
Pre-cious name,   O how sweet!   Hope of earth and joy of heaven,
프레셔스 네임   오우 하우 스윝   호읖 업 어뜨 앤드 죠이 업 헤븐

예 수 의   이 름 은   천 국 의 기 쁨 일 세
Pre-cious name,   O how sweet   Hope of earth and joy of heaven.
프레셔스 네임   오우 하우 스윝   호읖 업 어뜨 앤드 죠이 업 헤븐

슬픈 마음 있는 사람

10

Take the name of Jesus with you

(찬송가 91장, 통 91장)

L. Baxter, 1870

W. H. Doane, 1871

3. 존 귀 하 신 주 의 이 름　　우 리 기 쁨 되 도 다
O the pre-cious name of Je - sus!　　How it thrills our souls with joy
오우 더 프레셔스 네임 업 지져 스　　하우 잍 뜨릴스 아워 소울즈 윋 죠이

4. 우 리 갈 길 다 간 후 에　　보 좌 앞 에 나 아 가
At the name of Je-sus bow-ing,　　Fall-ing pros-trate at His feet,
앹 더 네임 업 지져스 바우 윙　　폴 링 프라스-트레잍 앹 히즈 휟

주 의 품 에 안 길 때 에　　기 뻐 찬 송 부 르 리
When His lov-ing arms re-ceive us,　　Breathe that ho - ly name in prayer.
웬 히즈 러-빙 암즈 리-씨브 어스　　브릳 댙 호울- 리 네임 인 프레어

왕 의 왕 께 경 배 하 며　　면 류 관 을 드 리 리
King of kings in heav'n we'll crown Him,　　When our jour-ney is com-plete.
킹 업 킹츠 인 헤븐 위일 크라운 힘　　웬 아워 저 -니 이즈 컴 -플맅

예 수 의　　이 름 은　　세 상 의 소 망 이 요
Pre-cious name,　　O how sweet!　　Hope of earth and joy of heaven,
프레셔스 네임　　오우 하우 스윝　　호웊 업 어뜨 앤드 죠이 업 헤븐

예 수 의　　이 름 은　　천 국 의 기 쁨 일 세
Pre-cious name,　　O how sweet　　Hope of earth and joy of heaven.
프레셔스 네임　　오우 하우 스윝　　호웊 업 어뜨 앤드 죠이 업 헤븐

11

아 리 랑
Arirang

Korean Folk Song

1. 아 리 랑 아 리 랑 아 라 리 요
Arirang, Arirang, Arariyo

아 리 랑 고 개 를 넘 어 간 다
Crossing over Arirang Pass.

나 를 버 리 고 가 시 는 님 은
The one who abandoned me

십 리 도 못 가 서 발 병 난 다
Shall not walk even a mile before their feet hurt.

아 리 랑

Arirang

Korean Fork Song

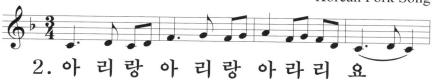

2. 아 리 랑 아 리 랑 아 라 리 요

3. 아 리 랑 아 리 랑 아 라 리 요

아 리 랑 고 개 를 넘 어 간 다

아 리 랑 고 개 를 넘 어 간 다

청 천 하 늘 엔 별 도 많 고

저 기 저 산 이 백 두 산 이 라 지

우 리 내 가 슴 엔 꿈 도 많 다
동 지 섣 달 에 도 꽃 만 핀 다

12 고향의 봄
Spring of my hometown

Won Soo Lee,1926

Nan-Pa Hong, 1929

1. 나의 살 던 고향은 꽃 피는 산 골
   Flowers bloomed in my hometown, long long time ago,
2. 꽃 동 네 새 동 네 나 의 옛 고 향

복 숭 아 꽃 살 구 꽃 아 기 진 달 래
Peaches, apples and apricots and pink blossoms too.
파 란 들 남 쪽 에 서 바 람 이 불 면

울 긋 불 긋 꽃 대 궐 차 리 인 동 네
Red and violet of the rainbow, flowers paint the town,
냇 가 에 수 양 버 들 춤 추 는 동 네

그 속 에 서 놀 던 때 가 그 립 습 니 다
I still long to go back to my hometown in the sun.
그 속 에 서 놀 떤 때 가 그 립 습 니 다

꽃밭에서

In the flower bed

Hyo Seon Eo, 1953

Gil Sang Kwon, 1947

1. 아 빠 하 고 나 하 고 만 든 꽃 밭 에
   In the flower bed where dad and I worked on,

2. 애 들 하 고 재 밌 게 뛰 어 놀 다 가

채 송 화 도 봉 숭 아 도 한 창 입 니 다
Rose mosses and balsams are in full bloom.

아 빠 생 각 나 서 꽃 을 봅 니 다

아 빠 가 매 어 놓 은 새 끼 줄 따 라
Along the straw rope that daddy tied up,

아 빠 는 꽃 보 며 살 자 그 랬 죠

나 팔 꽃 도 아 름 답 게 피 었 습 니 다
Morning glories blossom harmoniously to fit in.

날 보 고 꽃 같 이 살 자 그 랬 죠

14 보리밭
Barley field

Hwa Mok Park, 1952

Yong Ha Yoon, 1952

보 리 _ 밭 사 잇길로 걸 어가면

Walking　　through the　barley fields,

뉘 부 르 는　소 리있 어

the sound of someone calling

발을멈 춘 다　옛 생 각 이

stops　me.　Whistling　in

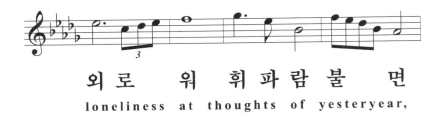

외 로 워 휘파람불 면

loneliness at thoughts of yesteryear,

보리밭

Barley field

14

고운노래 귓가에 들려온 다

sweet songs fill my ears.

돌 아 보 면 아 무 도

I look back, but there is

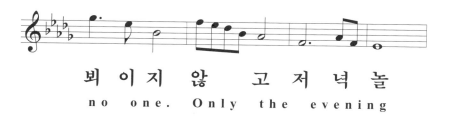

뵈 이 지 않 고 저 녁 놀

no one. Only the evening

빈 하늘만 눈에차 누 나

darkness fills my eyes.

15

반 달
Half moon

Geuk Young Yoon, 1924   Geuk Young Yoon, 1924.

1. 푸른하늘은 하수 하얀쪽 배에
Milky way in a clear blue sky, Sail boat on the sea,

2. 은하수를 건너서 구름나라로

계 수 나 무 한 나 무 토 끼 한 마 리
Cinnamon tree all alone, rabbit is crouching near.

구 름 나 라 지 나 선 어 디 로 가 나

돛 대 도 아 니 달 고 삿 대 도 없 이
Sailing with no mast nor pole smoothly for the west

멀 리 서 반 짝 반 짝 비 치 이 는 건

가 기 도 잘 도 간 다 서 쪽 나 라 로
Glide so calmly into the sunset for the west of mine.

샛 별 이 등 대 란 다 길 을 찾 아 라

**The 28 original basic letters invented in 1443
(in historical alphabetic order)**
1443년에 창제, 반포된 스물여덟 글자

원고·출판제안 모집
To the readers worldwide,

Other versions than the above listed languages will be available. Any book proposal or suggestions are highly appreciated.

First name*

Last name*

Email*

Book Proposal / Suggestions / Draft

Q&A

(註) 5장 농기구–농기계 사진 출처

갈퀴, 세계박물관 협력사, 2024
낫, 국립박물관, 1972
(개량) 삽, 한국의 농기구 – 네이버 지식백과, 2024
호미, 국립박물관, 1972
경운기, 이앙기, 콤바인, 트랙터, ㈜대동, 2024

SO EASY KOREAN

아주 쉬운 한국어

(Repeat TTS Voice)

영문본 **English Version** **published for readers in** **USA, UK, & Australia**	다문화가족 농어촌 생활 한국어 **Basic Korean for Village Life**
스페인어본 **Versión en Español**	싱할라어본 (스리랑카) **Sinhalese Version** **published for Sri Lankan readers**
몽골문본 **Монгол Бичвэр**	힌디어본 (인도) **Hindi Version** **published for Indian readers**
히브리어본 תירבע הסרג	크메르어본 (캄보디아) **Khmer Version** **published for Cambodian readers**
일문본 日本語版	필리핀어본 **Filipino Version** **published for Filipinos readers**
중문본 中文版	베트남어본 **Vietnamese Version** **published for Vietnamese reader**

Thank You Hangul

고마워 한글

Too easy Korean language	쉬운 한국어
Honorable elegant writings	운치있는 글
Always why don't you learn	한번 배워봐
Now it's international sense	국제적 감각
Knock! Come on! Hurry up!	어서 두드려
You'd better good start now	좋은 스타트
Of course it's clean so much	아주 깔끔해
Unbelievably knack is easy	요령도 쉬워
However let's start together	다함께 시작
Anyway if we learn together	같이 배우면
Nothing is difficult like this	이처럼 쉬워
Good to learn at any times	배우기 좋은
Usually this language is best	우리글 최고
Let's show this off all times	자랑해 보자

Written by Jung, Dong-Hee / 한국행시문학회장 정동희